Madhosh

Ki kalam se...

Hemant (~madhosh)

BookLeaf Publishing
India | USA | UK

Made with ❤ on the BookLeaf Publishing Platform
www.bookleafpub.in
www.bookleafpub.com

Dedication

माँ की हिम्मत, पिताजी की खुद्दारी और उनकी दी हुई 'काव्य ऊर्जा'
के नाम;
पत्नी के धैर्य के नाम;
और मेरे बेटे के नाम—इस उम्मीद में कि जब तुम बड़े होगे, तो अपने
पिता के इस शायराना अंदाज़ को भी जान सकोगे।

Preface

"हस्ती बनाने में मस्ती खो बैठा,
मैं दफ्तर में बैठे-बैठे, बस्ती खो बैठा,
सागर में उतरा तो था किनारा पाने के लिए,
किनारा मिलते ही कश्ती खो बैठा।"

(मेरा पहला मुकम्मल शेर)

ये चंद पंक्तियाँ लिखने के बाद मुझे पहली बार एहसास हुआ कि मैं ज़िंदगी को कहाँ से कहाँ ले आया हूँ। पढ़ाई पूरी की, दफ्तर की दीवारें देखीं, घर संभाला, इश्क़ जिया और ज़िम्मेदारियों के अंतहीन रास्तों को चुना। मगर आज भी मंज़िल पाने की चाह उतनी ही ताज़ा है।

जैसे-जैसे मैं एक मुकाम हासिल करता हूँ, एक नई दिशा खुल जाती है। हर उगता सूरज नई किरणें लेकर आता है, जो मुझे याद दिलाती हैं कि अभी संघर्ष बाकी है, अभी जीवन बाकी है।

कहते हैं कि जब दर्द हद से गुज़र जाता है, तो वह शब्दों की शक्ल ले लेता है। मेरे लिए यह किताब सिर्फ पन्नों का पुलिंदा नहीं, बल्कि उस वक्त की गवाह है जिसे मैंने जिया है, पिया है और पार किया है।

इस सफर की शुरुआत महज़ चंद जज़्बातों से हुई थी। तब मुझे लगा था कि यह सिर्फ एक शौक है, गुज़र जाएगा। पर देखते ही देखते उम्र ढलती गई और यादों की एक पूरी कायनात बीत गई। धीरे-धीरे यह सिर्फ शौक नहीं, बल्कि अपने जज़्बात बयां करने की एक शैली बन गई। यह किताब उन तमाम रातों का हिसाब है जो जागकर कटीं, और उन खामोशियों की आवाज़ है जिन्हें मैंने पत्थर होते दिल के पीछे छुपा लिया था।

'मदहोश'—यही मेरी इस किताब का शीर्षक है और यही मेरा तखल्लुस (Pen name) भी। जब शब्दों ने साथ छोड़ दिया, तब कागज़ मेरा हमसफर बना, कलम मेरी जुबां बनी और दवात में मेरे आंसुओं की स्याही घुली रही। अपनी इस 'कलम से' मैंने उस कैफियत को पकड़ने की कोशिश की है जहाँ इंसान दुनिया की भीड़ में होकर भी अपनी रूह की मस्ती में खोया रहता है।

- जब मैं इस नाम के बारे में सोच रहा था, तो यह पहले ही विचार में खुद-ब-खुद आ गया—जैसे इसे कहीं पहले से ही तय किया गया हो। यह अक्ल से इस्तीफ़ा देकर जुनून को अपनाने का एक 'ऐलान'इन सफ़हों में आप ढूँढेवो अधूरी बातें जो महफिलें खत्म होने के बाद भी ज़हन में रह गईं।

वो सब्र जिसे आज़माते-आज़माते न जाने कितनी बिसात बीत गईऔर
वो सुकून, जो दिल को पत्थर कर लेने के बाद हासिल हुआ
मैं उम्मीद करता हूँ कि जब आप इन पंक्तियों को पढ़ेंगे, तो कहीं न कहीं आपको अपनी भी कोई खोई हुई कहानी मिल जाएगी।

— 'मदहोश'

Acknowledgements

इस किताब को मुकम्मल करने में उन सभी का सहयोग है, जिन्होंने मेरे शब्दों को खामोशी में सुना और मेरी लड़खड़ाती कलम को थामे रखा।

सबसे पहले, मैं शुक्रिया अदा करता हूँ उस **ईश्वर** का, जिसने मुझे जज़्बातों को महसूस करने वाला दिल और उन्हें बयां करने का हुनर दिया।

मैं शुक्रगुज़ार हूँ अपन **ज़िंदगी और उसके कड़वे-मीठे तजुर्बों का**, जिन्होंने मुझे हर मोड़ पर एक नया सबक दिया। मैं उन तमाम ठोकरों और जफ़ाओं का भी शुक्रगुज़ार हूँ, जिन्होंने मुझे टूटना और फिर पत्थर बनकर खड़ा होना सिखाया। अगर वो दर्द मुख़्तसर न होता, तो शायद आज मेरी ये कायनात कागज़ पर न उतरती।

मैं शुक्रिया अदा करता हूँ:

- **मेरे माता-पिता का:** जिनकी दुआओं ने हमेशा ढाल बनकर मेरा साथ दिया। खासकर पिताजी का, जिन्होंने सबसे पहले मेरे भीतर के शायर को पहचाना और उसे सराहा। उनके भीतर की काव्य ऊर्जा ही मेरे शब्दों में बहती है। उनसे ही मैंने सीखा कि एक व्यक्ति के लिए 'खुद्दारी' क्या है और अपनों के लिए समर्पण कितना महत्वपूर्ण है। वे स्वयं एक कवि हैं, और उनकी दी हुई प्रेरणा ही मेरी लेखनी की नींव है।
- **अपनी धर्मपत्नी का:** जो मेरी खामोशियों की सबसे बड़ी राज़दार रही हैं। मेरी उलझनों और लिखने की इस बेचैनी के बीच उन्होंने जिस धैर्य के साथ मेरा हाथ थामे रखा, उसके

बिना यह सफर अधूरा था। मेरे अनकहे शब्दों को समझने के लिए तुम्हारा शुक्रिया।

- **मेरे उन चंद दोस्तों का:** जिन्होंने उस वक्त भी मुझ पर यकीन किया, जब मेरी 'अक्ल' और 'जुनून' के बीच जंग चल रही थी। (अरविंद, अमन, खुशबू, अंकिता, कृतिका, अभय, बिट्टू, शोम्पी, रोंजिश, विशाखा, मनीष, वीरेंद्र, विधु, गिरीश और बाकी हर वो कॉलेज व दफ्तर के मित्र, जिन्होंने मुझे सुनने का हौसला कायम रखा)|
- **मेरे पाठकों का:** जिनके लिए ये शब्द लिखे गए हैं। आपकी मोहब्बत ही मेरी असली 'सौगात' है।

अंत में, मैं अपनी कलम और हर उस कोरे कागज़ का आभारी हूँ, जिन्होंने मेरे तन्हा लम्हों में मेरा हाथ थामे रखा और मेरे हर उस आँसू को अल्फाज़ में बदल दिया जो आँखों पर न टिक सका।

आप सबका तहे दिल से शुक्रिया।

1. तुझसे दूर भला कैसे जाऊं

अब तुझसे दूर भला कैसे जाऊं
मैं जब भी देखूं तेरी आंखो में,
तो सारा जहां भूल जाऊ...
तुझसे आशिकी है इस कदर के क्या बतलाऊं,
मुझे अपना ले, मैं बहुत तन्हा रहा हूँ।

तू सादापन और सादगी से है सजी हुई।
तुझे इस ज़माने की बुराइयों से बचाऊ।

मुझे अच्छा लगता है, जब जब मुस्कुराती है तू,
तुझे हस्ता देखूं,
तो मैं भी खिलखिलाऊं ।

यूं तो रोज़ लिखता हूं ज़िक्र तेरा अपने शेरो में,
इस बार कुछ खास है लिखा,
इजाज़त हो तो सुनाऊं।

नौक झोक का रिश्ता है मस्ती से भरा हुआ,
तुझसे शरारत करते हुए,
बच्चा बन जाऊं।

हर तरफ हर ओर चेहरे में तेरा चेहरा दिखता है,
कहीं इस दीवानेपन में
पागल ना हो जाऊं।

एक तो शब- ए - वस्ल ओर ये नूरानी चेहरा,
नीचे तुझे देखूं
ऊपर चाँद को चिड़ाऊं।

सुरूर सराबोर छलक रहा हर ओर,
डर है कहीं
काफ़िर ना हो जाऊं।

इस शम्मा की जरूरत पड़ रही है क्या?
वो आ गए हैं महफ़िल में
बोलो तो बुझाऊं।

हद ए मुहब्बत जान ना है क्या तुम्हें,
उसकी आस में
आज तक कुंवारा रहा हूं।

हर दीवाने से लड़कर आ रहा हूं ए 'मदहोश'
उनसे कहो मुहब्बत करले
अब आखरी बच्चा हूं।

2. छूट गया...

नए को पाने में पुराना छूट गया,
में आगे निकला तो ठिकाना छूट गया,
कुछ न कुछ जुदा होता ही रहा ज़िंदगी में,
कभी ये छूट गया, तो कभी वो छूट गया।

देर से उठा था दफ्तर जाने के लिए,
कॉल आया पता चला खाना छूट गया।

एक शहर से निकला हूँ दूसरे शहर जाने के लिए,
पैसों के चक्कर में, घराना छूट गया।

समुंदर तक पहुंचा नदियों के सहारे,
लहर बन तो गया, पर नदी का याराना छूट गया।

बाज़ुओं में दम ना थी पर हौसलों से सना था,
अब उम्र हो गई, तो सबसे टकराना छूट गया।

महफ़िल की शान हुआ करते थे 'मदहोश',
अब तो वो हंसना हंसाना छूट गया।

अब उस बाम पर पेड़ और कपड़े ही दिखते हैं,
निकाह के बाद, उस गली जाना छूट गया।

हर मयकदे में एक कुर्सी रहती थी मेरी,

शादी क्या हुई हर शामियाना छूट गया।

क्या मुसीबत है के कामना पड़ता है,
नौकरी के चक्कर में शायराना छूट गया।

आन और शान की बात थी, वरना चुप ही रहता हूँ,
ज़मीर पर ऊंगली उठी, तो गुस्सा पुराना छूट गया।

दुश्मनों के नाम भूल जाता हूँ अक्सर मैं,
एहमियत नहीं दी, जिनसे भी हाथ मिलाना छूट गया।

क्या दिन थे वो जिनकी रातें और भी सुहानी थीं,
कॉलेज छूटा तो मेरा आशिकाना छूट गया।

उम्र क्या हुई दिल ने मुंह मोड़ लिया शीशे से,
अब झुर्रियां बैठ गई, मेरा इतराना छूट गया।

हासिल सब अगर हो भी जाए तो क्या करूंगा बाकी उम्र,
इस ख़्याल के चलते, दिन ओ रात कमाना छूट गया।

बड़े शौक थे जब पैसे पापा दिया करते थे,
अब कमाने लगे तो वो काफिराना छूट गया।

कद्र ना की फूल ने तो भंवरा उड़ चला,
महफ़िल में पहली बार, शम्मा से परवाना छूट गया।

मुसीबत आई तो सबके दरवाज़े लगे मिले,

हमारा भी अब एक आवाज़ पर, बाहर आना छूट गया।

याद है उसकी एक एक बात मुझको आज तक,
क्या हुआ जो उससे मिलने जाना छूट गया।

क्या तुलसी, क्या कबीर, क्या रहीम, सूरदास हुए,
बदनसीब हैं, हमसे ऐसा ज़माना छूट गया।

उनके जाने से जगनुओं की रोशनी चली गई,
तारों का भी छत पर टिमटिमाना छूट गया।

शेर से ग़ज़ल तक पहुंच गया लिखते लिखते,
बताओ क्या है ऐसा था जो लिखना छूट गया।

3. ख़ुद से रूबरू...

होते हैं ख़ुद से रूबरू, के फ़िर रात आई है,
मिलना है जिससे मुझको,
वो मेरी तन्हाई है।

बिछड़ना और मिलना तो,
सब चलता ही रहता है,
सदा जो साथ रही मेरे,
वो मेरी परछाई है।

के ये माहौल ये महफ़िल, तो सब फ़ीके से लगते हैं,
के अब घुलता-मिलता नहीं लोगों से,
ख़ुद में जबसे महफ़िल पाई है।

सुना है दूर होंगे सब, एक दिन कभी न कभी,
क़यामत सी लगती है,
ज़हन में जबसे ये बात आई है।

ज़रा पूछो तो 'मदहोश', तुम मिलने की उनसे,
चुप रहने की तुमने,
क्या कोई कसम खाई है?

के क़िस्मत को बदल के तू,
क़िस्मत से ही लड़ बैठा,
पता अभी चलना बाकी है,

के जीत किसने, हार किसने पाई है।

मैंने जब भी लोगों को परखा, पैसा नहीं देखा,
पहचान इससे होती है,
इज़्ज़त किसने कितनी कमाई है।

ना मस्ज़िद, ना शिवालय, ना गिरजाघर, ना ही गुरुद्वारा,
फ़र्क है नहीं कुछ भी,
ख़ुदा वही है, वही उसकी खुदाई है।

के मुहब्बत रंग लाएगी, ऐसा सोचा था मैंने,
मगर तोहफ़े में मुझको,
मिली सिर्फ़ जुदाई है।

तुझसे कह कह कर मेरी, तो हद ही हो बैठी,
कब तक छुपा के रखेगा,
कह दे जो बात दिल में दबाई है।

सालों बाद देख उसको, एक बेचैनी सी हो रही,
लड़खड़ा रहे हैं लफ्ज़ मेरे,
सुना है मुझे सुनने आई है।

समुंदर यूंही नहीं खारा, आंसु हैं मेरे इसमें,
ये मोती आया नहीं इसे,
मैंने आँखें पिघलाई हैं।

बड़ा मज़बूर सा लगता है,

जब काफ़िर, ख़ुदा को याद करता है,
जरूरतों ने तोड़ा होगा,
जो याद ख़ुदा की आई है।

शेख़ जी ने नसीयत दी, मदहोशी छोड़ने की,
वाईज़ ने थमाया मुझको जाम,
कहा मौसम की दुहाई है।

मैं खुद को ए 'मदहोश', इतना समझदार बना बैठा,
आज रोने की जो सोचूं,
तो जग हँसाई है।

जो बातें हो नहीं सकती, मैने लिख दी है यारो,
मेरे दिल में है जो कुछ भी,
वो इस ग़ज़ल में आई है।

जो महफ़िल ग़म कि हो, तो इश्क़-ए-गूफ्तगू होगी ही,
सब हाल-ए-दिल बयां करना,
आज देनी दुहाई है।

कैसा होता है हश्र, हर आशिक़ का आखिर,
हँसी आए हाल-ए-दिल पर,
तो कभी आंख भर आई है।

हर एक हर्फ तेरा मदहोश दिल छूकर जाता है,
सुना है शायर बन गया है,
बहुत बहुत बधाई है।

पर मुहब्बत होती रहेगी, हाल आशिकों का ना बदलेगा,
पहले इश्क़, टूटा दिल, फ़िर शायरी,
इश्क़ जिंदा ग़ज़लों में रहेगा,
यही इश्क़ कि रस्म है,
जो हमने निभाई है।

होते हैं ख़ुद से रूबरू के फ़िर रात आई है,
मिलना है जिससे मुझको,
वो मेरी तन्हाई है।

4. रात बीत गई

महफ़िल में रंग जमा था के रात बीत गई,
जाम को हाथ उठा था के रात बीत गई,
सब आए और अपनी कह कर चले गए
उसने लब खोले ही थे, के रात बीत गई।

हम तो सोया ही नहीं करते थे जनाब,
पर जब सोचा सो जाएँ, तो रात बीत गयी।

फ़ुरसत ढूंढने वाले रात को सोचते हैं,
वक़्त ढूंढते- ढूंढते, हर रात बीत गयी।

दिल तोड़ने वाले मशवरा देकर गए
छोड़ भी दो अब जफ़ा, वो बात बीत गयी।

सोचा के आज कर ही दूँगा तारीफ़ एक ग़ज़ल में
पर हुस्न बयाँ करते करते, दवात बीत गयी!

उसने कहा था मुख़्तसर सा है ये दर्द-ए-इश्क,
यहाँ उम्र कट गई, वहाँ कायनात बीत गई

उस दर्द की क्या मजाल जो आँसू पर टिका हो,
दिल पत्थर जबसे किया, दर्द की औकात बीत गई।

बरसों बाद मिला था महबूब से अपने "मदहोश",

और देखते ही देखते वो मुलाक़ात बीत गयी!

बचा न कुछ भी जब 'दस्त-ए-जुनून' से हम निकले,
होश आया तो देखा कैसी थी जो रात बीत गयी।

5. कोई ऐसा जाम पिलादे

प्यास जो मेरी बुझा सके,
कोई एसा जाम पिलादे,
आग-ए-ग़म बहुत पिया है मैंने
कोई है एसा जो शाम पिलादे!

के मत पूछो के इस हश्र में,
हंस केसे रहा हूँ,
मुश्किल से मिलते हैं वो लोग,
जो ये हुनर सिखादें!

सुनो के में कह तो दूँ अपने दिल की "मदहोश",
बस डर ये है के,
कोई हमदर्दी ना जतादे!

हर शाम को चुप हो जाता हुँ ख़ुद ही,
हो सके तो कोई,
जल्द ही सुबह करादे!

यूं तो मुझे कोई शोक नहीं तन्हाई का,
मगर डर हे,
कोई फिरसे अपनी औक़ाद ना दिखादे!

सबसे मिलते मिलते, भूल गया हुँ ख़ुद को ही में,
अब एक आईना एसा धूँड रहा हुँ,

जो मुझे मुझसे मिलादे!

कोई हमदम नहीं रहता, कोई साथी नहीं रहता,
ये एक उम्र का है सबक़
अब इतनी जल्दी तुमको, केसे सिखादें!

के वो अगर हुस्न हैं, तो कम हम भी नहीं,
तू एक बार उससे, मुलाक़ात तो करादे!

6. उम्र बढ़ने का तोहफा

उम्र बढ़ने का तोहफ़ा है ये तो,
जाने कितने पराए हुए हैं,
केसे देखूँ इन उजालों को में,
ये दिये दुश्मनों ने जलाए हुए हैं।

साक़ि मुझको ना पिलाना वो जाम,
जो पहले से पिलाए हुए हैं।

खेर एसा नहीं है कोई है नहीं साथ,
भले ही चारों ओर आइने लगाए हुए हैं।

जबसे देखा है नूर- ए- चाँद,
सहर को रोकने के लिए सजदे हुए हैं!

ये जितने भी ग़म हैं मेरे दामन में,
सब अपनो के लगाए हुए हैं।

हिज़्र से बड़ा कोई ग़म नहीं है,
यूँ तो सारे दर्द आज़माए हुए हैं।

ये नज़रों के वार नहीं सहे जाते हैं "मदहोश",
ना जाने हसीनाओं ने, कितने पागल बनाए हुए हैं।

ख़्वाइशौं का बोझ नहीं उठता है अब,

यूँ तो जिगर पे ख़तरे बहुत उठाए हुए हैं।

कल थे जो तारे मेरे पहलू में,
आज वो तेरी महफ़िल सजाए हुए हैं।

पलकों को भी पता ना चले अब,
अश्क़ एसे आंखों मैं छिपाए हुए हैं।

चलते फिरते रहे वो मुसाफ़िर,
मंज़िलों के सताए हुए हैं।

आग से जलना तो भी मैं सहलूँ,
हम तो हुस्न के जलाए हुए हैं।

वस्ल की आस में क़यामत है आई,
पलकें सदियों से बिछाए हुए हैं।

7. वादा तो कर...

झूंठा ही सही, कोई वादा तो कर,
हाल ए दिल सुनने का, एक इरादा तो कर,
इश्क़ बयां एक लम्हे में कर दूंगा,
तू महफ़िल में बैठे एक इशारा तो कर।

तेरी नजरों को ध्यान से देखना है मुझे
आँखें मिला, इतना शर्माया ना कर।

सुना है थोड़ी गरम मिजाज़ी है तुझमें,
तो कभी इस दिल को भी पिघलाया कर।

इस चिल्मन में रोशनी सा चमक रहा है कुछ,
आस्मां से कहदो, चाँद छुपाया ना कर।

यूंही कट जाएगा सफ़र, अपनी बात ना कही तो,
ए 'मदहोश' तू लब खोल, फुसफुसाया ना कर।

ये घड़ियां मिलें ना मिलें फ़िर कभी,
ये वक़्त है, इसे आज़माया ना कर।

होश में रहा करते थे वो रिंद भी,
आज होश की बातें, उन्हें सिखाया ना कर।

तू बाग़ है, तू राग है, तू है सहर जैसा,

तू बस हँसी ओढ़ा कर, ख़ुद का सजाया ना कर।

जो भी ग़म हैं, साथ सह लेंगे सब,
छोटी मोटी बातों से, यूं घबराया ना कर।

मुझे आज ये क्या देखने को मिला है?
ये कीमती हैं, अश्क ऐसे बहाया ना कर।

हर्फ कम पड़ने लगें हैं, तेरे कसीदों के लिए,
तू ग़ज़ल मेरी, यूं गुनगुनाया ना कर।

खूब चाँद को निहार बैठा हूँ,
तुझसे बेहतर नहीं है, वो मगर।

हर रोज़ सोचता हूँ, एक रोज़ वो आएगा,
ना जाने कब होगा, खत्म उसका सफ़र।

8. लब और जाम...

लब ना सही, तो जाम ही सही,
बोसा है ये, किसी के नाम ही सही।

फितरत थी मेरी हँसी बांटता था मैं,
ख़ुद आंसुओं का सैलाब ही सही।

दूर रहे वो भले ही मुझसे,
ख्वाबों में उसका एहतराम ही सही।

एक आशिक़ की मंजिल भी क्या होगी,
अब उसकी गली मेरा मुकाम ही सही।

ज़रा जुल्फ़ें क्या लहराईं, घायल हो गए,
खैर हवा के सिर ये इलज़ाम ही सही।

हम भी बैठे थे महफ़िल में उनकी,
फ़िर हम भी आशिक़ गुमनाम ही सही।

हो जाओगे दीवाने याद रखना,
रहने दो इश्क़ हराम ही सही।

यूं तो मेरा दुनियां में कोई नहीं मदहोश',
पर अपनी ग़ज़ल है, तो एक नाम ही सही।

जिनको परवाह होगी वो मरहम लगा ही देंगे,
फ़िर क्यूं दर्द का ऐलान ही सही।

काफ़ी वक़्त हो गया खिड़की खुली नहीं,
चलो आज सुबह से शाम ही सही।

अब उस पड़ाव पर आगया हूँ मैं,
अपनो को प्यार, परायों को सलाम ही सही।

9. मिलने की आस...

सुना है उसे फ़िर मिलने की आस है,
जिसकी वजह से शामों सहर बर्बाद है,
किसी और की हुई जो उस रोज़,
आज फ़िर उसे मेरी तलाश है।

कुछ तो हुआ होगा 'मदहोश'
जो बेवफा को किए पर मलाल है।

चलो एक बार फ़िर अपना भी लें,
पर आगे का कहां विश्वास है।

समुंदर कहता है उसकी क्या गलती,
लहरों को जब साहिल की तलाश है।

क्या हो गया है आस्मां ओ ज़मीन के इश्क़ को,
सुना है बरसों से हुई नहीं बरसात है।

अब भला कैसे जान लूँ उसकी फितरत,
ये तो मुख्तसर मुलाक़ात है।

भर आईं हैं आँखें तेरा गम सुनकर,
मेरे हिसाब से अब मौत ही इलाज़ है।

सोच रहा हूं कुछ लिख ही दूं आज,

अभी तो लम्बी बहुत रात है।

नींद ही नहीं आती है क्या बताऊं आपको,
वरना ख़्वाब न आएं, उनकी क्या औकाद है।

10. वो और हुस्न।

क्या मंजर होता होगा,
खुशबू बिखर जाती होगी,
हवा कैद हो जाति होगी,
जब भी जुल्फें वो लहराती होगी।

क्या बचा शाम का वजूद
क्या रात नया लाती होगी
उफ्फ ये इतराना उसका
बारिश यूंही बरस जाति होगी।

हां मौसम भी ज़िद्दी होता होगा
चांदनी भी गिर जाति होगी
जब वो सज संवर के खिड़की पर
मेरे लिए आती होगी।

हाय ये शर्माना उसका
हाय ये होंठ को दबाना
कयामत का दिन है क्या
लगता है मौत अभी आती होगी।

क्या कहा काजल भी है मदहोश?
देखो तो जरा लब कहीं लाल तो नहीं,
यकीन होने लगा है
हुस्न से भी मौत आती होगी।

क्या मौसम क्या लहरें
क्या मुहब्बत क्या आशिकी
सब घुटने टेक देते होंगे
जब भी वो मुस्कुराती होगी।

अब ना जाने ये परवाना
केसे शम्मा का हो पाए
खुदसे खुद को हरा बैठा हूं
कैसी शख्सियत होगी जिसे वो चाहती होगी।

11. भरोसा रख!

मिलेंगे तुझको भी किनारे,
भरोसा रख!
बदलेंगे गर्दिशों के तारे,
भरोसा रख!

वो जो छोड़ कर गए हैं, ये उनको भी मालूम नहीं,
मिलेंगे क़यामत के दिन सारे,
भरोसा रख!

सर्द महफ़िल मैं,
जेसे ही गरमी बढ़ने लगेगी,
समझ लेना सनम आ गए हैं तुम्हारे,
भरोसा रख!

शम्मा ने बहुत ज़ुल्म ढाए हैं परवानो पर,
परवाने फिर भी नहीं हारे,
भरोसा रख!

ये ज़िंदगी की दौड़ है, यहाँ कौन पहला कौन आख़री,
मौत सबको आएगी पुकारे,
भरोसा रख!

अगर हो गया है इश्क़ तो इंक़लाब करता रह ए 'मदहोश',
एक वक़्त आएगा जब जुदा कर देंगे ये दुनिया वाले,

भरोसा रख!

तू आज जिन मुसीबतों से लड़खड़ा रहा है,
खुदा बरसाएगा वो रहमत जो तुझे संभाले,
भरोसा रख!

मानता हूँ बिछड़ गए वो तुमसे,
पर रास्ते एक होंगे बेशक तुम्हारे,
भरोसा रख!

तेरी ये ग़ज़लें ए ‘मदहोश’, रंग लाएँगी एक रोज़,
करेंगे एक दिन सराहना सारे,
भरोसा रख!

12. नश्तर सा चुभता है...

नश्तर सा चुभता है,
आता है जब तेरा ख्याल भी,
भूल जाता हूँ मैं सब कुछ,
जब होता है दीदार-ए-जमाल भी।

नूर-ए-शबनम से भी उम्दा है ये तो,
हुआ है तेरे तसव्वुर से आज मलाल भी।

पहले से ही बयां कर नहीं पा रहा था,
उन सुर्ख होठों की सजावट,
या ख़ुदा,
ऊपर से पास में है नुक्ता-ए-खाल भी।

जो एक नजर देख क्या लिया मुड़कर उसने,
हाल हो गया है मेरा बेहाल भी।

मेरी मुमकिन न ही सही, पर एक बात तो कह ही दूं,
इस बार तो ख़ुदा ने किया है कुछ कमाल भी।

उड़ती हुई उन कुछ घटाओं को हराती हुई,
बिछा दिया हो जैसे, सबा पर जुल्फों ने जाल भी।

कैद हो जाने से इश्क-ए-क़फ़स में, कोई शिकन नहीं,
बस मिल जाए एक बार बाहों का हार भी।

सुना है छुप जाता है चाँद तुझे बाम पर देखकर,
वो अंजान था, के नीचे भी है एक चाँद भी।

13. ख़ाक हो जाने दे!

ख़ाक हो जाने दे हवा न दे,
तू बस दर्द दे दवा न दे,
ये मुहब्बत तो मैंने की है न,
तू बस धोखा दे वफ़ा न दे।

अगर पूछ कर ही पोंछने हैं,
तो मत पौंछ ये आंसू,
तू गिरने दे,
इन्हें और सज़ा न दे।

क्या सच में तू कोई
वादा कर रही है क्या?
तू बस लब खोल
ज़ुबा न दे।

इतना शक भी अच्छा नहीं,
नाज़ुक रिश्ते में 'मदहोश।'
कहीं आगे की हर बात,
वो छुपा न दे।

अब तो मान ले,
के वो मुझसे जुदा हो गई है,
साकी तू जाम दे,
सलाह न दे।

आखिर लूट ही गया,
जो कुछ भी था तेरे पास,
ए 'मदहोश' हर मुसाफ़िर को,
तू पनाह न दे।

इतना टूट कर बिखर गया हूँ,
के जुड़ना नहीं चाहता,
अब डर ये, के वो इश्क मुझसे
निभा न दे।

14. ढूंढ के लाओ!

कहां से आती है उदासी ढूंढ के लाओ,
हो सके तो खुशी ज़रा सी ढूंढ के लाओ,
जो गर ढूंढ रहे हो तो सुकून भी ढूंढना,
मुझे तो नींद नहीं आती, ढूंढ के लाओ।

सुना है उसके अपनो ने ही घर जलाया उसका,
अरे छोड़ो ये पानी,
उसके अपनो की आंखों का पानी, ढूंढ के लाओ।

के हर रोज़ रोज़ा रखने से भी ख़ुदा नहीं मिलता,
ज़ोर हो तो दिल में इंसानियत ज़रा सी ढूंढ के लाओ।

अब कुछ कम सा बोलता है वो 'मदहोश',
कहां गई हवा-ए-मजलिसी, ढूंढ के लाओ।

तर्जुमन यूं छाई रही, कुछ सोच न सके,
सच्चाई शायद बेनिशाँ थी, ढूंढ के लाओ।

कहीं दूर कभी आसमां सुना था,
अब कहकशाँ भी है शायद,
उड़ना है अभी और बाकी, परिंदों को जगाओ।

कोई और नहीं है मंजिल, ये कहकर चले गए वो,
अरे ज़िंदगी यूंही नहीं गुज़र जाती, उनको बताओ।

कसूर नहीं है सनम की जुल्फों का,
सबा ही इन्हें छेड़ है जाती, उसे न सताओ।

जीना भी मुहाल सा लगने लगता है,
जब भी वो रूठ है जाती, उसको मनाओ।

मुझे मालूम हुआ, के तेरे ही गीत थे 'मदहोश',
वो दूर कहीं है गुनगुनाती, सुनकर आओ।

बहुत जल्दबाज़ी सी हो गयी है ज़िंदगी में,
शहर से कब रात है हो जाती, कोई कुछ तो बताओ।

15. ज़िंदगी...

ज़िंदगी तू भी गुज़ारी जा रही है,
ए जवानी तेरी याद आ रही है,
खिलाफत में खड़े बशर बहुत,
तू साथ है तो हिम्मत बढ़ती जा रही है।

ख्याल में किनारा आगया है आज,
लगता है समुन्दर की यारी जा रही है।

जल्दी आने वाले आज देर से आए महफ़िल में,
लगता है महफिलें बढ़ती जा रही हैं।

एक मासूम चेहरे ने वहशत की हुई है,
उन्हें समझाए कोई कि हुस्न भी एक जिम्मेदारी है।

रहमत बरसने का इंतज़ार तुम करो,
हमारी खुदा से अभी भी जंग ज़ारी है।

हुस्न ही तो है क्या हुआ,
इतनी इज़्ज़त क्यूं दी जा रही रही है।

क़फ़स दिनों की हो या सालों की,
कैद में जीना हर एक पल भारी है।

गले लग जाओ अब कितने और करने जतन ?

पुरानी यारी नई दुश्मनी पर भारी है।

हरफ़ों से मुहब्बत सी हो गई थी जवानी में,
शायरी से बेहतर ए 'मदहोश' क्या कोई कलाकारी है?

यूं तो सबकी है अपनी अदा ए ज़िंदगी,
मेरे लिये सबसे ऊपर इल्म-ए- खुद्दारी है।

फरिश्तों का भी पैगाम है ये तो
फर्श का सदका करने वाले की अर्श से यारी है।

कह तो दिया था के इश्क नहीं है तुमसे,
अरे कोन हो तुम, ओर ये क्या बीमारी है।

गुज़ारिश यही के दिल ना दुखाना किसीका,
हर दौर में पुण्य पाप पर भारी है।

किसी रोज़ मिलना हुआ तो मुंह न मोड़ना,
थोड़ा हंसकर कह देना दोस्त हमारी है।

ये सुबह कब होनी है कोई बताएगा क्या?
हाय ये रात आज कितना दिल जला रही है।

16. ठिकाना गया - नज़्म

शाम रंगीन है,
दिल कुछ बेचैन भी,
आह गमगीन है,
प्यासे है नैन भी,
तेरी आहट न आई,
में सुनता रहा,
आसमान में तारे यूं
में चुनता रहा।

तेरे मिलने पर
तो रोशन ज़माने रहे,
तेरी ख्वाइश में लाखों
कंवारे रहे,
इक तरफ जहां
एक ओर है तू
मेरे अंदर है तूफ़ान
साहिल का शोर है तू...

तेरा मुझसे यूं मिलना
ग़ज़ब ढा गया
मौत आने को थी
ओर तू आगया,
कैसे करता में तुझसे
मुहब्बत की बात

सहर होने को थी
खो रही थी वो रात

आखिरी थी सांस
आखिरी थे वो लफ्ज़
लम्हे घटते रहे
आह बढ़ती रही
ज़िंदगी
तेरी बाहों में सिमट सी गई।

अब ना शिद्दत कोई
ना चाहत बची
रुसवा हु खुदा
कैसी कहानी रची,
इससे बेहतर तो मैं
मुसाफिर ही था
राह चलती रही
मैं भी चलता रहा।

ना मुहब्बत रखी किसी ग़ैर से,
ख़ुद को दूर रखा हर बैर से,
अब ये आँखें हैं ओझल
ये सूखे से हाथ
जीने का है मौका
पर अब कैसी शुरुआत।

बेहतर है ये आंखें में मूंद ही लूँ

मंजिल ए मौत अब चूम ही लूँ
देर जो भी हुई अब ज़माना गया
हाथ से ओ मुसाफिर
ठिकाना गया..

हाथ से ओ मुसाफिर
ठिकाना गया...।

17. फ़किरी में ही मस्ती अपनी...

फ़कीरी में ही मस्ती अपनी,
हमसे क्या ठानी तुमने,
हम शोर शराबा खुद में बस,
महफ़िल मॉन प्राणी हम हैं।

मज़बूत खड़े जैसे बरगद,
क़ीमत जड़ो की जानी हमने।

जो मोल लगाओ तो अनमोल,
शख्सियत है खानदानी हम मैं।

हैं सागर जो नदिया मिलने आएं,
बन बारिश आंख की खाली हमने!

हम साधरण व्यक्ती 'मदहोश',
दुश्मनी न किसीसे पाली हमने।

तुम ज़ोर लगाओ दौलत का,
बेशुमार खुद्दारी हम मैं।

हम पाले सपनो को अपने,
बरसों पहले नींद खाली हमने।

घर से बेघर हो जाने तक,

हर बड़े की थी मानी हमने।

ये जो गर्दिश का तूफ़ान आता है ना,
उठी हर उंगली काटी हमने।

हमसे मिलो कभी तो शीतलता देखो
जो रन्ज रखो तो देखो मां काली हम में।

ये इश्क मुहब्बत नादानी तो नहीं
डोर ज़िंदगी की, किसके हाथ दे दाली तुमने।

हर हर्फ का सदका किया सदा
जब जब कलम थामी हमने।

18. कहां जाओगे?

जो नज़रों से गिर जाओगे, कहां जाओगे,
बूंद बन टपक जाओगे, पछताओगे,
माना तूफ़ान है मेरे अंदर,
तो क्या लहर बन बिछड़ जाओगे?

लहज़ा बता रहा है, तेवर भी हैं कुछ अलग,
एक बात बताओ,
क्या इतनी जल्दी बदल जाओगे?

गिर गया हूँ तो सब आएं हैं ऊपर,
किसी दिन आप भी गिराए जाओगे!

गिरते हुए अश्कों को आगाह किया था मैंने,
गिरे हुए लोगों के लिए न गिरो, पछताओगे।

हां माना कुछ कमियां रही मुझमें भी,
तो क्या यूं छोड़ कर चले जाओगे?

बात इतनी सी है के आखरी लफ़्ज़ हो तुम,
दम निकलने तक, पुकारे जाओगे।

क्या वहशत थी ज़ख्म नासूर है आजतक,
सोचा नहीं था, ये दिन दिखाओगे।

मेरे खास हंसते थे मुझ पर,
इस इश्क़ में ए 'मदहोश', मारे जाओगे।

रात को रोक कर बैठा हूँ आज मैं,
पता है सुबह होते ही चले जाओगे।

बज़्म-ए-तमन्ना में आ बैठा हूँ आज,
ए ख़ुदा क्या मुझे उससे, मिलवाओगे?

ये निगाहें ये काजल हाए ये पलकें,
क्या इरादा है, क्या करके जाओगे?

ये नूर ये गुल ये ज़ुल्फ़ ये हुस्न,
चाँद शर्मा रहा है, ज़रा अंदर जाओगे?

फ़िर कहीं और ना टूटे दिल किसी का,
मैं आपको सुना रहा हूँ ये ग़ज़ल,
वादा करो, हर आशिक़ को सुनाओगे!

19. साकी तू पिला शराब

साक़ि तू पिला शराब के अब क्या करना है,
अब किसके लिए जीना है,
किसके लिए मरना है।

ना मौजूद हूँ इस दुनियां में,
ना मेहसूस ज़माना मुझे कर रहा,
अब सफ़र-ए-ज़िंदगी,
अकेले ही तय करना है।

सिर्फ़ दिल नहीं मन भी टूटा,
साथ छूटा और रब भी रूठा,
अब कहां मुझे संभलना है।

तू बहकने दे मुझे,
अब आरज़ू मदहोशी की है,
मदहोश करदे मुझे,
अब ज़िंदगी शब से ढकी है,
जो आग बसी है सीने में,
पी–पी कर ठंडा करना है।

अब किसके लिए जीना है,
किसके लिए मरना है।

20. फ़ुर्सत नहीं...

फ़ुर्सत नहीं दो पल की मुझे,
इतना मशरूफ हो गया कमाने में,
औरों के साथ मैं भी हूं लगा हुआ,
क्योंकि पूछ होती नहीं फिर ज़माने में।

बचपन में बहुत सिखाते थे लोग,
बड़े बनो,
कुछ नहीं हँसने हंसाने में।

फ़क़त कुछ ख़ज़ाने के लिए,
कितने बदल चुका हूँ ठिकाने मैं।

करो वादा के ज़ाया नहीं जाएगी ये ज़िंदगी,
जीना ऐसे,
लगे ज़माने तुम्हें भुलाने में।

के इरा दयार - ए - गैर में काष ताफ फिराया दें,
उम्र लग जाती है,
पराए देश आशियां बनाने में।

मैं हर पत्थर हर कांटो को रौंद कर यहां पहुंचा हूं,
खैर ऐसा ही सफ़र,
होता है हर कारखाने में।

के गैरों को पहचानो, अपनो को आज़माओ,
खुद से पूछो,
कसर क्या बाकी अब झिलमिलाने में।

ज़रा इज़्तिराब ए मुसलसल ज़ारी रखो ज़हन में,
आराम होना नहीं चाहिए,
नाम कमाने में।

वक्त ने अब इन आंखों के ख़्वाब ही बदल डाले,
अब तो दिन गुजरता है,
बस घर चलाने में।

जान पंखों में हो तो परवाज़ बनाए रखो,
छू लिया आस्मां,
तो देर क्या कहकशां पाने में।

यहां इस शहर में लाखों हैं रहने वाले,
फिर भी डर लगता है,
किसीको अपना बनाने में।

मेरे अपने शहर के लोग, अब ढूंढने से ही मिलते हैं,
मिलते हैं,
या तो दफ्तर में या मयखाने में।

वक्त ने करवट कुछ इस तरह ली 'मदहोश',
मेरा सब मुझसे छीन,
धकेल दिया वीराने में।

ये बचपन के दिनों की बात, जब छुप जाता था सूरज जल्दी,
अब अरसा सा लगता है,
एक दिन बिताने में।

जो मेरा था मुझे मिल ही जाता,
फिर भी बिताई ज़िंदगी,
अपना ही सब पाने में।

आतिश-ए-गम को यूं बेकरार ना कर,
हारना नहीं है,
इस ज़माने में।

नीम बाज़ आंखों के सिवाए मिला ही क्या आखिर,
वाइज़ बन गया रिंद,
इस शामियाने में।

इस गर्दिश-ए-माह-ओ-साल में हमेशा घाटा रहा,
जब भी बैठा,
अपने हिसाब लगाने मैं।

ए मदहोश तूने हर वक्त सुकून ढूंढा,
अब जब मिल गया,
अब वक्त ढूंढता है उसे बिताने में।

अब इतना आ गए हो तो ज़रा रुक कर जाना,
बड़े साल लगे हैं आप को,

आप बनाने में।

अब बस ये हर्फ ही मेरे साथी हैं,
बहुत सुकून मिलता है,
अपनी ग़ज़ल सुनाने में।

21. अंजाम ग़ज़ल।

कागज़ कलम और दवात
अंजाम ग़ज़ल.
दिल का ज़ख्म, हाथ में शराब
अंजाम ग़ज़ल।

टूटा दिल, बिखरे ख़्वाब,
आंसुओं का सैलाब,
अंजाम ग़ज़ल।

इश्क सागर, लहरों में दर्द,
और सनम के हाथ पतवार,
अंजाम ग़ज़ल।

शब ए वस्ल, बेवफाई का अक्स,
ख़ामोश लब, आंखों में आब,
अंजाम ग़ज़ल।

तन्हाई की हद, मदहोशी में मस्त..
पी 'मदहोश' बेहिसाब,
अंजाम ग़ज़ल।

रिंद ए सोहबत, ताबीर ए तख्त,
अपनो से ताल्लुक खराब,
अंजाम ग़ज़ल।

सूनी शाम, पुरानी किताब,
निकला सूखा गुलाब,
अंजाम ग़ज़ल।

महफ़िल की हसरत, कातिल सी फितरत,
चेहरा ढकता नक़ाब,
अंजाम ग़ज़ल।

कागज़ कलम और दवात,
अंजाम ग़ज़ल।

22. बरसों से...

खुदा जाने कहां है ये आराम बरसों से,
हुई है मेरी नींद हराम बरसों से।

अब भूल जाया करता हूँ लिखते लिखते अक्सर,
जो ज़ुबान पर रहा कलाम बरसों से।

मैंने जो शेर कहे, ग़ज़ल तक न पहुंचे,
हुआ नहीं किसी बेवफ़ा से दुआ सलाम बरसों से।

बेखुदी ही डुबोती है ए 'मदहोश', मय कि खता नहीं,
साक़ी को दे रहे इलज़ाम बरसों से।

रात होती है पर अब वो चांद नज़र नहीं आता,
नाप रहे हैं हम बाम बरसों से।

किसीने पूछ लिया कबसे गम दबाए बैठे हो महफ़िल में,
क्या कहें, उनकी यादों के हैं ग़ुलाम बरसों से।

यकीन नहीं के अब मैं भी ग़ज़लें लिखने लगा हूँ,
ढूंढ रहा था दिल ये मुकाम बरसों से।

या ख़ुदा अब तो कयामत ही हो जाने दो,
थक गया हूँ देख सुबह शाम बरसों से।

23. किस्सा–ए–मुहब्बत

बना के दीवाना मुझे मजबूर कर दिया,
किया प्यार बहुत फ़िर दूर कर दिया।

ठोकर खाते रहे दर ब दर हम मखानों में,
तलाश ए सुकून ने हमें मशहूर कर दिया।

अब भरोसा भला इश्क़ पर कैसे करूं,
उसकी बेवफ़ाई ने मुझे मगरुर कर दिया।

जिस चेहरे पर तबस्सुम भी हंसकर आया करती थी,
बहे आंसु बार बार, मुझे बेनूर कर दिया।

जाने के बाद मेरे, साक़ि ने सुनाया सबको,
कैसे किसीने मेरा दिल चकना चूर कर दिया।

ज़ख्म से खूब नज़रें चुराईं हमने,
फ़िर भी अश्कों ने दर्द महसूस कर लिया।

अब न होगी दोबारा मुहब्बत हमसे,
दर्द ए जुदाई ने हमको कमज़ोर कर दिया।

24. पास ही है मयखाना...

आज ग़म ज्यादा है,
आओ थोड़ा चलें, पास ही है मयखाना।
ज़िंदगी बेरंग तमाशा है,
आओ कुछ रंग भरें, पास ही है मयखाना।

दिल में इश्क़ की बातों के छेद हैं,
आओ थोड़ी दवा मलें, पास ही है मयखाना।

हँसना मत जो एक बात कहूं,
आओ थोड़ा खुल के हंसे, पास ही है मयखाना।

वहां साक़ी है जो समझे हमको,
आओ दिल की बात कहें, पास ही है मयखाना।

इन अश्क़ो की कीमत, दुनियाँ वाले क्या जानें,
आओ ऐसी जगह चलें, पास ही है मयखाना।

क्यूं देते दुहाई बेदर्द दुनियाँ को,
यहाँ हर मर्ज की दवा मिले, पास ही है मयखाना।

कद्र हैसियत की ज़माना क्या जानें,
आ बोतल पै बोतल पिएं, पास ही है मयखाना।

बहुत रह लिए होश में 'मदहोश',
आ मदहोशी की राह चलें, पास ही है मयखाना।

25. आगाज़...

अपने में डूब कर ही ख़ुद को पाया जाए
हर ग़म भुलाकर, ख़ुद को हँसाया जाए।

उनके ख़्याल से वाबस्ता हुए हम ग़म से,
मगर इस इल्म को जल्द ही हटाया जाए।

सुना है नयी शराब आई है मयखाने में,
चलो फिर पैमाना सजाया जाए।

कभी उनका होसला ना टटोलना ए 'मदहोश',
जिन चिराग़ों को, खिड़कियों पर जलाया जाए।

कभी उस ओर जाना होगा तो देख लेंगे,
फ़िलहाल रास्ता कोई ओर अपनाया जाए।

इस शहर में सब सूना सा क्यूँ है,
लगता है अब घर लौट जाया जाए।

के हम तो कभी चिलमन पसंद ही नहीं करते हैं,
साक़ी से कहो, जाम एसे ही पिलाया जाए।

बड़ी सूनी सूनी सी गुज़र रही है ये शाम,
क्यूँ ना कोई गीत ही गुनगुनाया जाए।

यूँ तो बहुत जागा है दिनभर तू,
क्यूँ ना आज रात को जगाया जाए।

खुदा को भी क़ानून कोई एसा बनाना चाहिए,
जो दिल के अच्छे हैं, उनको ना आज़माया जाए।

बहुत ही नाज़ुक सा है ये दिल मेरा,
उनसे कहो बार बार ना दुखाया जाए।

अब मुझे किसी के हर्फ़-ए-दुआ की ज़रूरत नहीं,
हो सके तो मुझे अकेला छोड़ दिया जाए।

26. संभालो तो यारो...

संभालो तो यारो मुझे तो ज़रा,
मैंने कितनी पीली है पता भी नहीं,
पैमानों को तन्हा ना देखा गया,
मैंने फिरसे भरली है, खता तो नहीं?

ज़ख्म यूं मिलेंगे, के रूठूंगा मैं,
जिंदगानी से बेबस होकर कभी,
जो पत्थर है फेंका तो टूटूंगा मैं,
खबर ये शीशे को थी भी नहीं,
वो अंजान है पर इस बात से,
क्या मुझपर है ग़ुज़री पता भी नहीं।

बेसुध मैं हुआ, होश सबके उड़े,
ग़लती फूलों ने की, जो कांटो से जुड़े,
कुछ ग़लती तो यारो मैंने भी की,
उससे क्यूं मैं जुड़ा था पता भी नहीं।

आज मयखाने मैंने है खाली किए,
जो आए थे बाद, वो भी चल दिए,
है साथी परेशान, साक़ी हैरान,
मैं कब अब उठूंगा पता भी नहीं।

अब ख़्वाइश नहीं कोई संभाले मुझे,
दर्द ए इश्क़ की कोई दावा दे मुझे,

बेवफ़ाई है जबसे उसने है की,
मेरी सांसें क्यूं रूठी पता भी नहीं।

ये इश्क़ ए सफ़र है, या कोई सज़ा?
जज्बातों को कहीं भी न मिलती जगह,
दिल धक धक कर जो टूट गया,
हुए कितने हैं टुकड़े पता भी नहीं।

मेरे दर्द की तुम न पूछो वजह,
इसे धोखा कहूं या तोहफ़ा प्यार का,
सवालों की वर्षा न मुझसे करो,
मैं कब रो पड़ूंगा पता भी नहीं।

जो सपने भी देखूं तो भी क्या मिले,
जो मिलते थे मुझसे अब वो तो गए,
मुकद्दर ये मेरा है रूठ गया,
जब बंद हो ये आँखें पता भी नहीं।

समुंदर के आंसू क्या देखे कभी,
जो एक बूंद पियो पता भी चले,
अक्स आयनों में सब देखते हैं,
आयनों को क्या मिलता पता भी नहीं।

आज पी तो रहा हूँ, पर मदहोशी नहीं,
ए साक़ि ये मय तेरी हार रही,
ये आँखें ये चिलमन सब फ़ीके है अब,
क्या मुझको चढ़ेगा पता भी नहीं।

ज़िंदगी ने गिराया है हर मोड़ पर,
ज़माने ने मुझको न समझा कभी,
मुझे कागज़ कलम दावत दो,
कब ग़ज़ल लिख पढूंगा पता भी नहीं।

27. ज़िक्र क्या...

ज़िक्र क्या लब पर उसका नाम नहीं,
इससे माकूल कोई इंतक़ाम नहीं,
जितना मशहूर नाम है तेरा,
उतना मशहूर कोई नाम नहीं।

रात दिन जो साथ साथ रहता था,
आज उससे कोई दुआ सलाम नहीं।

जब जिससे चाहिए बुरा कहिए,
इससे आसान कोई काम नहीं।

काम कर देगा जो कहो लेकिन,
'मदहोश' आपका कोई ग़ुलाम नहीं।

अगर कुछ करने में दिल खुश हो?
इससे बड़ा कोई इनाम नहीं।

दौलत शोहरत कमा रहे हैं सब,
इज़्ज़त से बड़ा कोई मुकाम नहीं।

मेरे माता पिता ने एक बात कही,
अदब इल्म का करो, उम्र को कोई प्रणाम नहीं।

दर्द ए दावा सबकी है अलग,

शराब इश्क़ में हराम नहीं।

जितनी भी तारीफ करते हैं आप,
उतना अच्छा तो ये कलाम नहीं।

28. मुहब्बत और मलाल – नज़्म

ज़रा पूछो कभी मुझसे, मेरी सूनी इन बाहों से,
पूछो ज़रा इस दर्द से, और इसकी सर्द आहों से,
ये बेवक्त जुदाई, सह नहीं पाई...

पूछो उन तड़पते लफ़्ज़ों से, जो सिमट गए होंठों की कैद में,
ज़रा इल्म तो करो मेरा, मैं कोई कड़वा जाम नहीं,
मैं तो मीठा हूँ शहद से...

पूछना उन फ़ज़ाओं से, क्यों उन्होंने मोहब्बत बरसाई,
जब तलब ही न थी हमें उनकी, तो क्यों ये परवाह सिखाई...

ज़रा गौर करना उस मुद्दत पर, जब मुसाफ़िर थका आफताब से,
बैठा था ज़रा जो छाँव में,
वो भी चल दिया मौसम बदलते ही पेड़ को छोड़ कर...

एक रोज़ मेरा भी आएगा,
जब तुम्हें ये एहसास होगा,
नहीं है कोई मुझसे बेहतर यहाँ, ये मुक़द्दर तुम्हें दिखलाएगा...

तब पूछ लेना अपनी अदाओं से, क्यों की थी हमसे बेरुखी,
तब समझ आएगा तुम्हें, कि खुशी तब थी या अब है हुई।

कभी हो जाए मलाल तुझे, ऐ महबूब बस इक इशारा कर देना,
ना दे सको गर कुछ भी मुझे, तो मेरी मुस्कुराहट वापस कर देना,

ना जाने कहाँ खो गई थी...

शायद किसी ने सच ही कहा था,
मुझको भी मोहब्बत हो गई थी।

29. शायद...

होनी होगी क़यामत, तो आज हो ही जाएगी,
ज़िंदगी बाक़ी है तो अगली सांस आएगी।

उम्र गुज़ार ली तजुर्बों से भरा हूँ मैं,
कुछ आए या ना आए काम नमाज़ आएगी।

नहीं मैं तो नहीं रखता अब याद भी उनको,
आनी होगी तो उनको ही याद आएगी।

हमने तो दिल की ही कही थी बस,
पता नहीं था उनको इस बात पर शर्म आएगी।

थक सा गया हूँ तन्हाइयों से मिल-मिल कर,
ना जाने कब मिलन की शाम आएगी।

बड़ी देर से बैठा हुआ हूँ मैं इंतज़ार में,
साक़ी तू कब लेकर जाम आएगी।

नसीहत ना दो उनको जो सुनते नहीं हैं 'मदहोश',
धीरे-धीरे ही सही अक्ल आ ही जाएगी।

वो मुझसे मैं उनसे रूठ कर चल दिया,
दोनों सोच रहे थे शायद पीछे से एक आवाज़ आएगी।

30. खुद से जंग

दूर तक जाता हूँ नींद खोजने के लिए,
थक कर सो जाता हूँ नींद खोजने के लिए।

खुशियों को पाऊँ तो पाऊँ कैसे,
इस ग़म को दूर भगाऊँ कैसे,
अब सोच भी कम पड़ने लगी,
ये सब सोचने के लिए...

खूब कमा लिया, खूब खुद को बनाया मैंने,
समाज में रहने के लिए सबसे हाथ मिलाया मैंने,
कुछ वक़्त भी नहीं मिलता अब सुख भोगने के लिए..

हर इंसान आज टूटा सा है,
हर रिश्ता झूठा सा है,
आज खुद से ही लड़ रहा है 'मदहोश',
कि कोई भी नहीं आँसू पोंछने के लिए...

टूटते तारों से दुआएँ माँगते हैं लोग,
जो टूट गया उससे क्या माँगते हैं लोग,
सिलसिला ये ज़माने का भी कैसा है,
चलो आज दुआएँ माँगें उसको जोड़ने के लिए....

31. तलाश...

आज ये आखिरी रात सही,
जो हो जाए वो बात सही।
ले आऊँगा फलक ज़मीन पर,
बस हो साथ ये अल्फ़ाज़ सही।

खुद को खुदा से मिलने दे,
दिल में रख जज़्बात सही।

जाऊँगा इस उजड़े शहर भी,
बस हो जाए हालात सही।

बचपन में एक चेहरा था हँसी से भरा डरा-डरा,
ले आऊँ ढूँढ कर उसको मैं,
मिल जाए बस पता कहीं।

आज की पीढ़ी ऐसी है,
ज़िम्मेदारी का एहसास नहीं।

इश्क मोहब्बत सब अच्छे हैं,
बस मिल जाए साथ सही।

महफ़िल की रंगत बढ़ाए हुए हैं जो,
काश मेरी हो जाए कभी।

ऐसा भी दिन जो तन जलाए,
इससे भला रात सही।

यूँ ही किसी से लड़ना नहीं,
खामोशी है जवाब सही।

ये जो तारे हैं सब टूटेंगे,
बस हो चाह शिद्दत से भरी।

चार दिन की ज़िन्दगी में किससे कैसा बैर,
दोस्त दुश्मन सबसे आदाब सही।

हमको हमी से सवालात करने पड़े,
ये ज़िन्दगी कैसे तन्हा हुई।

32. खुदा हाफ़िज़...

खुदा हाफ़िज़, खुदा हाफ़िज़,
हमेशा मैं खुदा हाफ़िज़...
चलो अब सिलसिला-ए-राह-ए-आखरी खुदा हाफ़िज़...

आसमां के सितारों से,
सागर के किनारों से,
ना मंज़िल अब कोई पानी है,
खुदा हाफ़िज़, खुदा हाफ़िज़...

अब हालत इज़्तिराब सी है,
घड़ी ये इंतखाब सी है,
मजलिसी भूल ही जानी है,
खुदा हाफ़िज़, खुदा हाफ़िज़...

के ऐसी गफ़लत को "मदहोश",
कब तक लोगे संभाल तुम,
कभी तो हार खानी है,
खुदा हाफ़िज़, खुदा हाफ़िज़...

अब समां ना होता है रंगीन,
ना शम्मा-ए-महफ़िल है जवान,
अब ना कोई ग़ज़ल सुनानी है,
खुदा हाफ़िज़, खुदा हाफ़िज़...

बहुत आज़मा लिया सबको,
बहुत अपना लिया सबको,
अब करनी बस मनमानी है,
खुदा हाफ़िज़, खुदा हाफ़िज़...

यूँही तरसेगा ज़माना ये,
यूँही बरसेगा छलक-छलक कर के,
यही तो ज़िंदगानी है,
खुदा हाफ़िज़, खुदा हाफ़िज़...

अब ना आँख कोई नम है,
ना कोई तन्हाई का गम है,
ना कोई मुझको गिलानी है,
खुदा हाफ़िज़, खुदा हाफ़िज़...

मिलेगा सबको ए-मदहोश,
तोहफ़ा उसकी कयामत का,
पर दुआ सबके लिए मांगनी है,
खुदा हाफ़िज़, खुदा हाफ़िज़...

चूर हुआ है जो बेशक,
नशे में जो हुजूम के,
उसकी ज़मीन अब आसमानी है,
खुदा हाफ़िज़, खुदा हाफ़िज़...

ना करना एतबार उनपर,
के विसाल-ए-यार होगा अब,

तुम्हें खुद से ही आँख मिलानी है,
खुदा हाफ़िज़, खुदा हाफ़िज़...

मुझे ताब दिखाई है,
कुछ काफ़िर अल्हादों ने,
कुछ ख़ास परायों ने,
कुछ अनजान अपनों ने,
शिकन भी ना जबीं पर,
अब मुझको आनी है,
खुदा हाफ़िज़, खुदा हाफ़िज़...

इस अज़्म से मंज़िल के,
निशां समेटे थे,
उनकी रंजिश ने बिखेर दिए,
जब हम थक कर बैठे थे,
अब दश्त में ढूँढ रहे पानी हैं?
खुदा हाफ़िज़, खुदा हाफ़िज़...

33. इतनी रात गए...

हर रोज़ तुझे याद करूँ इतनी रात गए।
चाँद सितारों से तेरी बात करूँ, इतनी रात गए।

तू नहीं है साथ मुझे मलाल है इस बात का,
रोज़ तन्हाई से होता हुँ रूबरू, इतनी रात गए।

मेरी क़लम की इल्तिजा है ये आख़री,
हर रोज़ ग़ज़ल तुझपर लिखूँ, इतनी रात गए।

दिन गुज़र गया विसाल-ए-यार ना हुआ,
अब तुझसे में केसे मिलूँ, इतनी रात गए।

तुझे पा नहीं सकता कभी ये जानता हुँ मैं,
फिर भी दुआ रब से करूँ, इतनी रात गए।

ख़ुद से भी ज़्यादा चाहा है तुझको सनम,
पर तुझको ये केसे कहूँ, इतनी रात गए।

ख़ुद की मुझे परवा नहीं है ए 'मदहोश',
पर वो ना जाने केसी होगी, इतनी रात गए।

मुझसे भी ज़्यादा ग़म उसको मिले मुहब्बत में,
ये सोच तकिया गीला करूँ, इतनी रात गए।

अगर में चाहूँ तो भी वापस ला नहीं सकता,
सोच रहा हूँ कैसे गुजारूं ये रातें, इतनी रात गए।

तुम ना सही तुम्हारी यादें ज़िंदा रहेंगी सदा,
याद करके हँसूँ तो कभी रोया करूँ, इतनी रात गए।

34. इबादत-ए-इश्क़

तुझसे रुसवा होकर,
खुद से रुसवा हो जाता हूँ,
ना जाने कैसा रिश्ता है,
पा तुझको सकता नहीं...
और भूल भी नहीं पाता हूँ...

मोहब्बत है ही कुछ ऐसी,
के खुद की होती नहीं परवा,
जलाकर अरमानों को अपने,
मैं उसका जहाँ चमकाता हूँ...

यूँ तो है नहीं कुछ भी
तुझको कुछ देने के लिए,
मगर एक ग़ज़ल लिखी है तुझपर
चल वही सुनाता हूँ...

हिज्र और मिलन में अब,
हैं फासले बहुत सारे..
चाँद छूने की, बात तो करता हूँ,
पर सितारों से घबराता हूँ...

वो कहती हैं सहेलियों से,
के देखो कितना तो खुश है ये...
अरे मैं हँसता हूँ पगली,

तो अपना गम छुपाता हूँ...

यूँ तो जी रहा हूँ मैं,
हर लम्हा तेरे बिना,
पर सच कहूँ तो,
मैं मर नहीं पाता हूँ...

गम की कहानी में,
अश्क का क्यों ज़िक्र नहीं,
तुझे मालूम क्या है 'मदहोश',
किस कद्र आँसू बहाता हूँ...

जिसे पढ़कर या सुनकर
मोहब्बत घुल जाए मौसम में
इबादत अब हर्फों की करके,
कुछ ऐसा लिखना चाहता हूँ...

35. अक्स-ए-जिंदगी

दंग रह जाता हूँ खूबसूरती देख इस चाँद की,
खुद-ब-खुद शायरी निकलने लगती है...

थोड़ी सी गर्मी से भला कौन जला है,
पर मोहब्बत है आग को बाती से
और मोम पिघलने लगती है...

किसी को पाने में खो ना जाना इतना,
ये ज़िंदगी है एक बार ही मिलती है...

खुदा भी ज़ेहन में रख ऐ बंदे,
धड़कन रुक कर यूँ ही नहीं चलने लगती है...

कच्ची उम्र और मोहब्बत की अंगड़ाई,
हँसती हुई आँखें भी रोने लगती हैं...

मेरी मोहब्बत को गले लगा कर ले गया वो,
जिसकी उंगलियाँ छूने से मेरी उंगलियाँ डरती हैं।

हिज्र हो तो डरना नहीं हालातों से,
ज़िंदगी ऐसे ही संभलती है...

उससे पूछो मत वो बता देगा खुद ही,
यही बातें हैं जो रिश्ता बदलती हैं...

कभी सोचोगे तो बस अच्छा ही सोचना,
कभी कभार सोच ही गलत पलती है...

ज़ेहन में कुछ और बातों में कुछ और,
ऐसी दोस्ती से तो दुश्मनी अच्छी है...

गैर की बातों पर अपनों से खफा हो गया,
मुझे तो लगता है तेरी ही गलती है...

मुझसे खफा रहो बुराई करो मुझको क्या,
नदी रास्ता देखकर कहाँ निकलती है...

इश्क हमें भी हुआ था 'मदहोश' एक रोज़,
पर ये ज़ालिम दुनिया इस चीज़ से बहुत जलती है...

मेरी गज़ल में मदहोशी नहीं ऐसा कैसे,
एक मदहोशी ही तो है, जो ज़िंदा रखती है...

www.ingramcontent.com/pod-product-compliance
Lightning Source LLC
Chambersburg PA
CBHW070645240926
51846CB00003BA/786
* 9 7 8 9 3 7 5 2 7 2 4 5 8 *